Impressum
Verlag: BABADADA GmbH, Nedderfeld 112 , 22529 Hamburg
Geschäftsführer / Verlagsleitung: Harald Hof
Druck: Books on Demand GmbH, In de Tarpen 42, 22848 Norderstedt

Imprint
Publisher: BABADADA GmbH, Nedderfeld 112 , 22529 Hamburg, Germany
Managing Director / Publishing direction: Harald Hof
Print: Books on Demand GmbH, In de Tarpen 42, 22848 Norderstedt

el colegio

سەف
el aula

پاركرن
dividir

186/2

تەختە
el pizarrón

ماموستە
el maestro

هەوشا دبستانێ
el patio de la escuela

كاخەز
el papel

نڤیساندن
escribir

پێنڤیسک
la birome

ماسە
el escritorio

پرتوك
el libro

راستەک
la regla

خوەندەكار
el alumno

چەوال
la mochila

قووتی نڤیستۆک
la caja de lápices

قەلەمرەساس
el lápiz

نڤیستۆک تووژكر
el sacapuntas

ژێبر
la goma (de borrar)

نڤیسكا نیگارێ
el bloc de dibujo

نیگار
....
el dibujo

فرچدیا رەنگئ
....
el pincel

قووتی رەنگ
....
la caja de pinturas

مەقەس
....
la tijera

لەزاق
....
el pegamento

پەرتووکا فێربوون
....
el cuaderno de ejercicios

وەزیفا مالی
....
la tarea

هەژمار
....
el número

زیئدەکرن
....
sumar

دەرخستن
....
restar

زیئدەکرن
....
multiplicar

هەسباندن
....
calcular

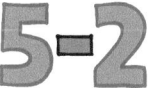

تیپ
....
la letra

ئالفابه
....
el abecedario

پەیڤ
....
la palabra

نقیستی
....
el texto

خواندن
....
leer

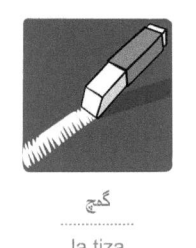

گەچ
....
la tiza

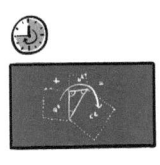

دەرس
....
la lección

قەیدکرن
....
el cuaderno de clase

نیمتیهان
....
el examen

شەهاده
....
el certificado

کنجا دبستانئ
....
el uniforme escolar

پەروەردەهی
....
la educación

زانستنامه
....
la enciclopedia

زانینگه
....
la universidad

میکرۆسکووپ
....
el microscopio

خەریتە
....
el mapa

سمپتا کاخەزئ
....
el tacho (de basura)

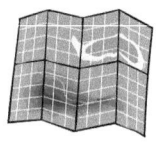

مێڵانخانه
el hotel

مێڵانخانه
el hostel

ئۆفیسا پدره فمگوهارتنێ
la casa de cambio

جمنته
la valija

ماشین
el auto

زمان
el idioma

بەڵێ / نا
sí / no

باش
Está bien

سلاڤ
hola

وەرگێرا نڤیسكی
el traductor

سپاس
Gracias

بهايئن ... چ قاسه؟

¿cuánto cuesta…?

نەزم فام ناكم

No entiendo

ناڕئشه

el problema

ئێۆئارباش!

¡Buenas tardes!

سپیۆىدى باش!

¡Buenos días!

شەۆۅ باش!

¡Buenas noches!

خاترى تە

el adiós

ناڵى

la dirección

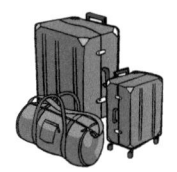

هوۆرموور

el equipaje

چەنتە

el bolso

چەنتە پشت

la mochila

میۆان

el invitado

نۆده

la habitación

جامه خەو

la bolsa de dormir

چادر

la carpa

ناگاگىتىن گەرۆكان

la información turística

رەخئ نافئ

la playa

كارتئ قەرزى

la tarjeta de crédito

تاشىتى

el desayuno

فراڧىن

el almuerzo

 شىڧ

la cena

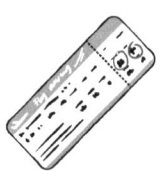

كارت

el pasaje

ناسانسۆر

el ascensor

پوول

el sello

تخووب

la frontera

گومرك

la aduana

بالىيۆزخانه

la embajada

ڧىزا

la visa

پاسپۆرت

el pasaporte

el transporte

فرۆکه
el avión

گەمیی
el barco

ئەرەبە ناگرکووژ
la autobomba

کامیۆن
el camión

تۆتۆبووس
el colectivo

پاپۆرا ماتۆری
a lancha a motor

ماشین
el auto

دوچەرخە
la bicicleta

پاپۆر
el ferry

پاپۆر
el bote

مۆتۆرسیکلێت
la moto

تەرمبێلا پۆلیسی
el patrullero

تەرمبێلا پێشبازیی
el auto de carreras

ئەرەبە کرێکرنێ
el auto de alquiler

ماشین پەرقدکرن

el alquiler de autos

کامیۆنا کشاندنئ

la grúa

کامیۆنا خولی

el camión de la basura

مۆتۆرسیکلئت

el motor

مازۆت

la nafta

نیستەگدەها بەنزینئ

la estación de servicio

تابلۆیا ترافیکئ

la señal de tránsito

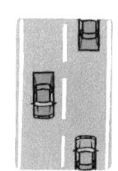

هاتنووچوون

el tránsito

ترافیک

el embotellamiento

جهئ پارکئ

el estacionamiento

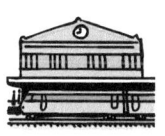

راوەستەکا ترێنئ

la estación de tren

رێچ

las vías

ترێن

el tren

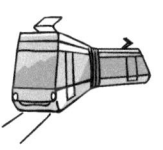

ترێنئ کۆلانئ

el tranvía

نەردبە

el vagón

بابرۆک
....
el helicóptero

بالافرگەه
....
el aeropuerto

برج
....
la torre

مسافر
....
el pasajero

قووتی
....
el contenedor

قووتی
....
la caja de cartón

گرگرۆک
....
la carretilla

سەبەتە
....
la canasta

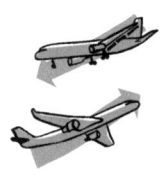

رابوون / نیشتن
....
despegar / aterrizar

بازار
la ciudad

گوند
....
el pueblo

ناوەندا بازارێ
....
el centro de la ciudad

خانی
....
la casa

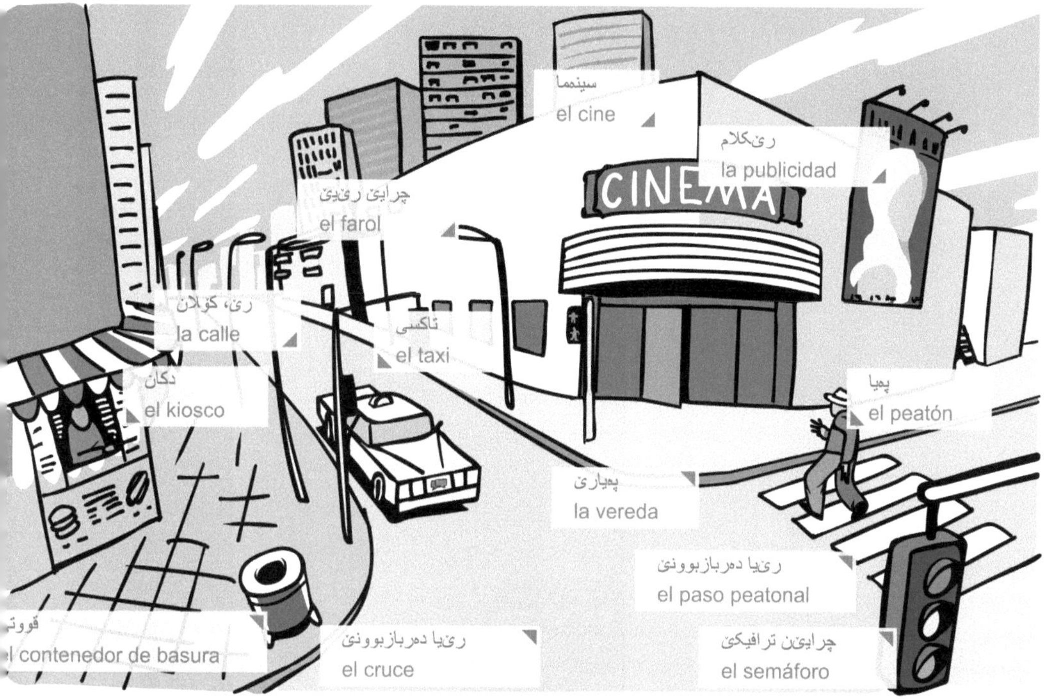

سینما
el cine

رێکلام
la publicidad

چرای رێیی
el farol

رێ، کۆلان
la calle

تاکسی
el taxi

دکان
el kiosco

پیا
el peatón

پیاری
la vereda

قووتوو
l contenedor de basura

رێیا دەربازبوونی
el cruce

رێیا دەربازبوونی
el paso peatonal

چرایێن ترافیکی
el semáforo

کۆخ
la cabaña

خانی
el departamento

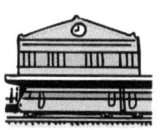

راوەستمکا ترێنێ
la estación de tren

تەلارا شارەڤانی
la municipalidad

مووزەخانە
el museo

دبستان
el colegio

زانینگە
....
la universidad

بانک
....
el banco

نەخوشخانە
....
el hospital

مىئمانخانە
....
el hotel

دەرمانخانە
....
la farmacia

ئوفیس
....
la oficina

كتىبفروشى
....
la librería

دكان
....
el negocio

گۇلفروش
....
la florería

بازار
....
el supermercado

بازار
....
el mercado

سوپېرماركەت
....
las grandes tiendas

ماسىفروش
....
la pescadería

ناقمندا كرىن
....
el centro comercial

بمەندەرە
....
el puerto

پارک

el parque

سەکوو

el banco

پرد

el puente

دەرنجە

las escaleras

ژێر زەردی

el subte

توننەل

el túnel

ئیستگەها ئۆتۆبووس

la parada del colectivo

بار

el bar

خواردنگەه

el restaurante

سندووقا پۆستێ

el buzón

نیشاندەرکا رێیێ

el letrero

مەترا پارکینگێ

el parquímetro

باخچا هەیوانان

el zoológico

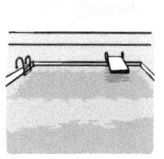

هەوزا مەلەڤانێ

la pileta

مزگەفت

la mezquita

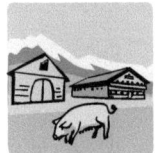

جۆتگەه

la granja

لەوتاندنا دەردۆر

la contaminación

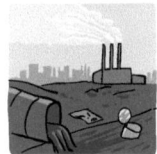

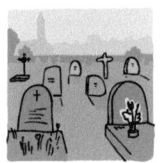

گۆرستان

el cementerio

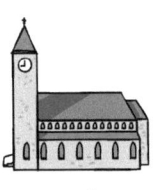

کەنیسە

la iglesia

ئەردێ لەیستنێ

los juegos infantiles

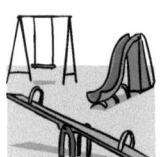

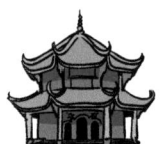

پەرستگەه

el templo

تەبیەت

el paisaje

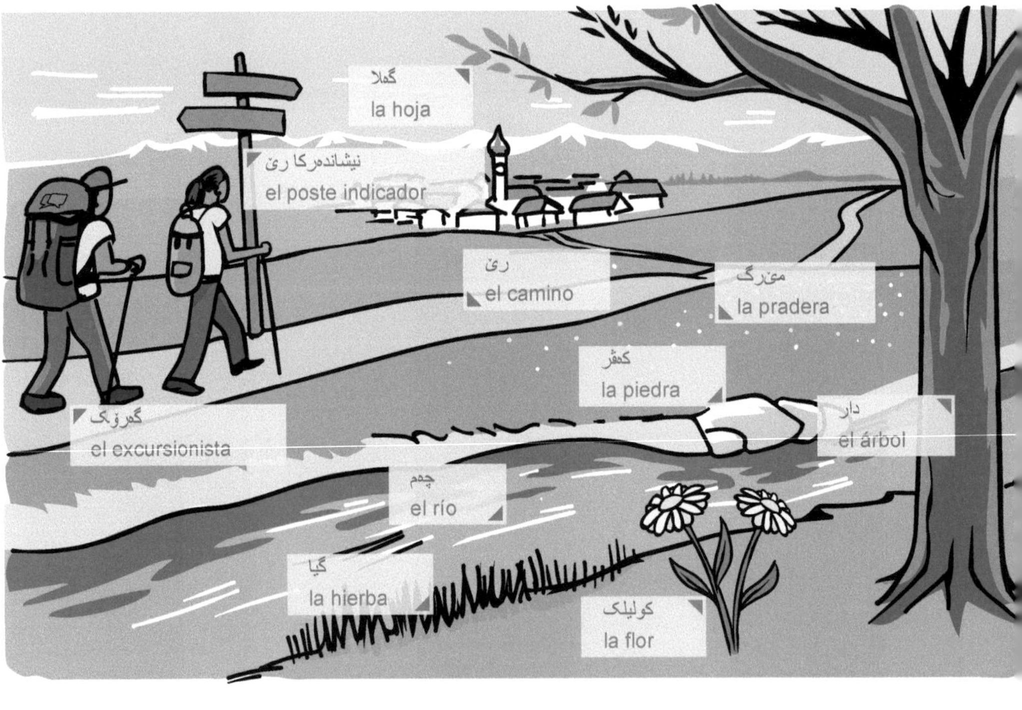
گەلا
la hoja
نیشاندەرکا رێ
el poste indicador
رێ
el camino
مێرگ
la pradera
کەڤر
la piedra
گەرۆک
el excursionista
دار
el árbol
چەم
el río
گیا
la hierba
کولیلک
la flor

دۆل
....
el valle

گر
....
la montaña

كۆل
....
el lago

دارستان
....
el bosque

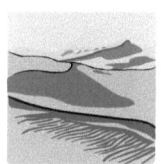

بیابان
....
el desierto

ڤۆلكان
....
el volcán

كەلدهە
....
el castillo

كەسكەسۆر
....
el arco iris

كڤارك
....
el champiñón

دارقەسپ
....
la palmera

مخمخك
....
el mosquito

مێش
....
la mosca

مێژى
....
la hormiga

هنگ
....
la abeja

پیرێ
....
la araña

كيزك

el escarabajo

بۆقّ

la rana

سهۆر

la ardilla

ژيژۆک

el erizo

كهرگوه

la liebre

پهپووك

la lechuza

چۆلک

el pájaro

قوو

el cisne

بهرازى كۆيى

el jabalí

پهزكۆيى

el ciervo

پهزكۆيى

el alce

بهنداف

la presa

توربينا با

el aerogenerador

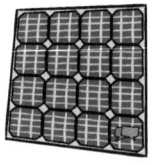

پانهلا خۆرى

el panel solar

ناف و هوا

el clima

خوارنگەه

el restaurante

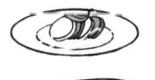

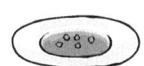

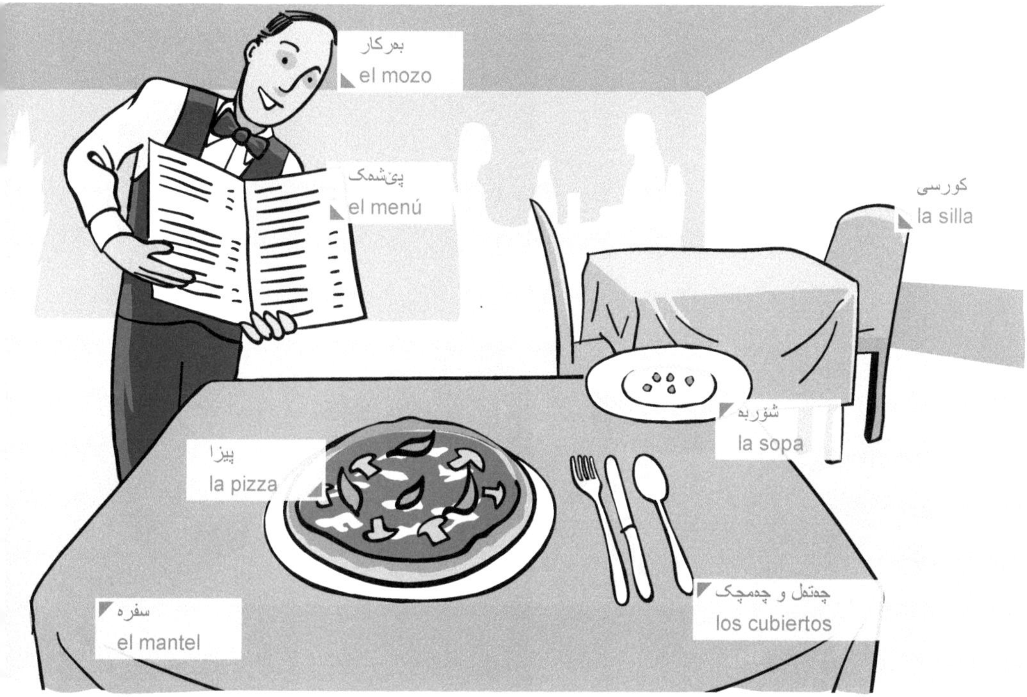

بەرکار
el mozo
پێشەک
el menú
کورسی
la silla
شۆربە
la sopa
پیزا
la pizza
چەتەل و چەمچک
los cubiertos
سفرە
el mantel

خوارنا دەستپێک
....
la entrada

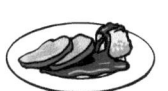

خوارنا سەرەکی
....
el plato principal

شیرانی
....
el postre

ڤەخوارنان
....
las bebidas

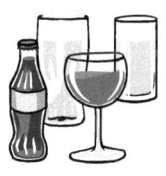

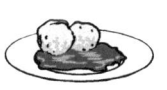

خوارن
....
la comida

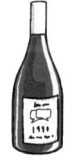

جام
....
la botella

خواردنا لەز

la comida rápida

خواردنا رێیی

la comida callejera

چایدانک

la tetera

قووتی شەکرئ

la azucarera

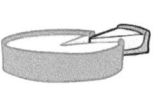

بەش

la porción

ممکینا چێکرنئ ئەسپرەسسۆ

la cafetera expreso

کورسیا بلیند

la sillita alta

هەساب

la cuenta

سێنی

la bandeja

کێر

el cuchillo

چەتەل

el tenedor

کەفچی

la cuchara

کەفچیا چای

la cucharita

پێشگر

la servilleta

قەدەهە

el vaso

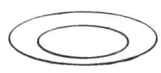

تەدیفیک

el plato

تەدیفیکا شۆربە

el plato hondo

پیالە

el plato

چێنج

la salsa

خوێدانک

el salero

قووتی بیبار

el molinillo de pimienta

سێک

el vinagre

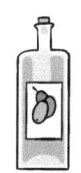

روون

el aceite

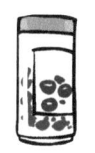

بهارات

las especias

کەتچاپ

el kétchup

موستارد

la mostaza

مایۆنێز

la mayonesa

بازار

el supermercado

پێشکێشێن تایبەت
la oferta especial
FOR
مشتەری
el cliente
شیرەمەنی
los lácteos
فێکی
la fruta
ئەرەبە
el changuito

BUTCHERS

قەسابی

la carnicería

BAKERY

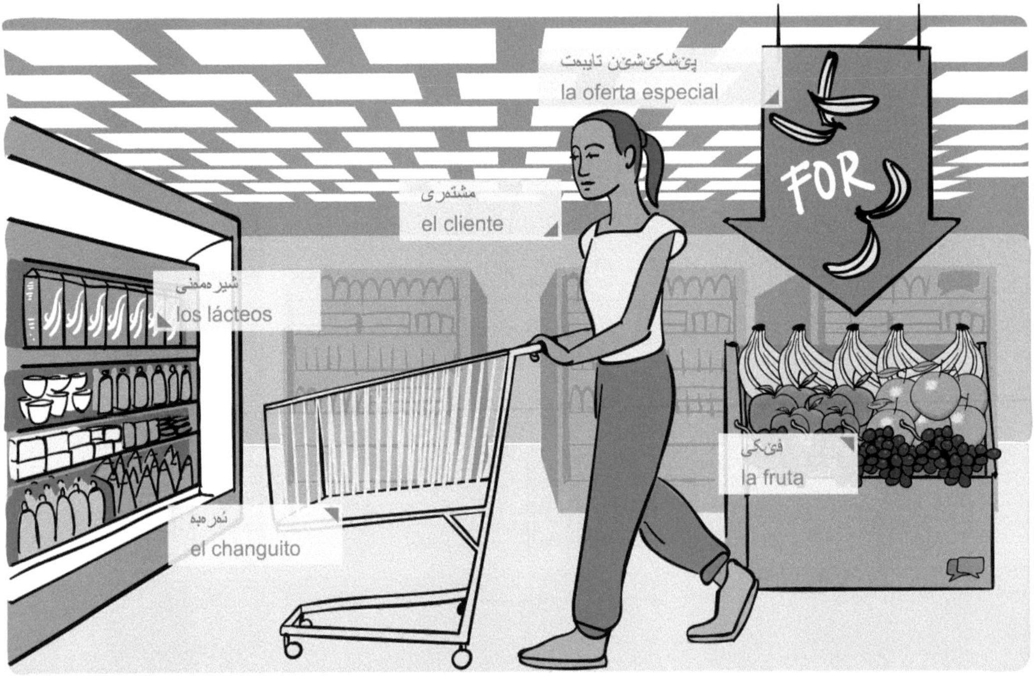

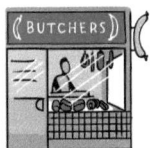

دکانا نانپێژ

la panadería

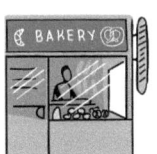

وەزن کرن

pesar

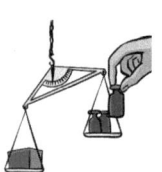

سەبزە

las verduras

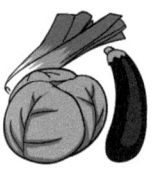

گۆشت

la carne

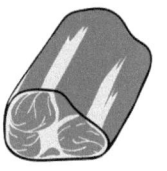

خوارنێ جەمەدی

los alimentos congelados

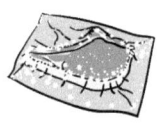

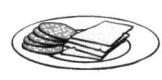

گۆشتێ سار

los fiambres

خوارنا پێتی

los alimentos enlatados

خوباری پاقژکرنێ

el detergente en polvo

شرینی

las golosinas

بەرهەمێن ناڤخوەیی

los electrodomésticos

بەرهەمێن پاقژکرنێ

los productos de limpieza

فرۆشیار

la vendedora

خەزنۆک

la caja

دراڤگر

el cajero

لیستا کرینێ

la lista de compras

دەمێن قەمکری

el horario de atención

جزدان

la billetera

کارتێ قەرزی

la tarjeta de crédito

چەوال

la cartera

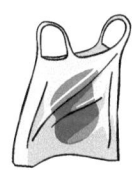

چەنتە

la bolsa de plástico

las bebidas

ئاڤ
....
el agua

تەمریشە
....
el jugo

شیر
....
la leche

کۆمر
....
la bebida cola

شەراب
....
el vino

بیرا
....
la cerveza

ئالکۆل
....
el alcohol

کاکوۆ
....
el cacao

چای
....
el té

قەهوە
....
el café

ئسپرەسمەن
....
el café expreso

کاپۆچینۆ
....
el cappuccino

la comida

مۆز

la banana

سێۆف

la manzana

پرتەقاڵی

la naranja

گوندۆر

el melón

لیمۆن

el limón

گێزەر

la zanahoria

سیر

el ajo

قامر

el bambú

پیفاز

la cebolla

قارچک

el champiñón

گوێز

las nueces

شهیره

los fideos

سپاگێتىتى

los tallarines

برنج

el arroz

سەلەتە

la ensalada

چیپس

las papas fritas

پەتەتەیا براشتى

las papas fritas

پیزا

la pizza

هامبورگەر

la hamburguesa

نانۆک

el sándwich

گۆشتێ ستوویێ بەرخى

el churrasco

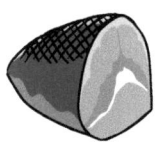

گۆشتێ هشککرى

el jamón

سالامێ

el salame

سۆسیس

la salchicha

مریشک

el pollo

بژارتن

el asado

ماسى

el pescado

شۆربه بلوول
los copos de avena

موۆسلى
el muesli

كەرتىن گلگلان
los copos de maíz

نارد
la harina

جرۆسسانت
la medialuna

سەموون
el pancito

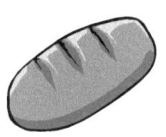

نان
el pan

تۆست
la tostada

نانک
las galletitas

نۆیشک
la manteca

ماست
la cuajada

كوليچە
la torta

هێک
el huevo

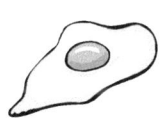

هێكا قەلاندى
el huevo frito

پەنیر
el queso

دۆنندرمه
....
el helado

شەکر
....
el azúcar

هنگڤ
....
la miel

مرەبا
....
la mermelada

خامەیا نۆووگات
....
la pasta de chocolate

کوڕی
....
el curry

la granja

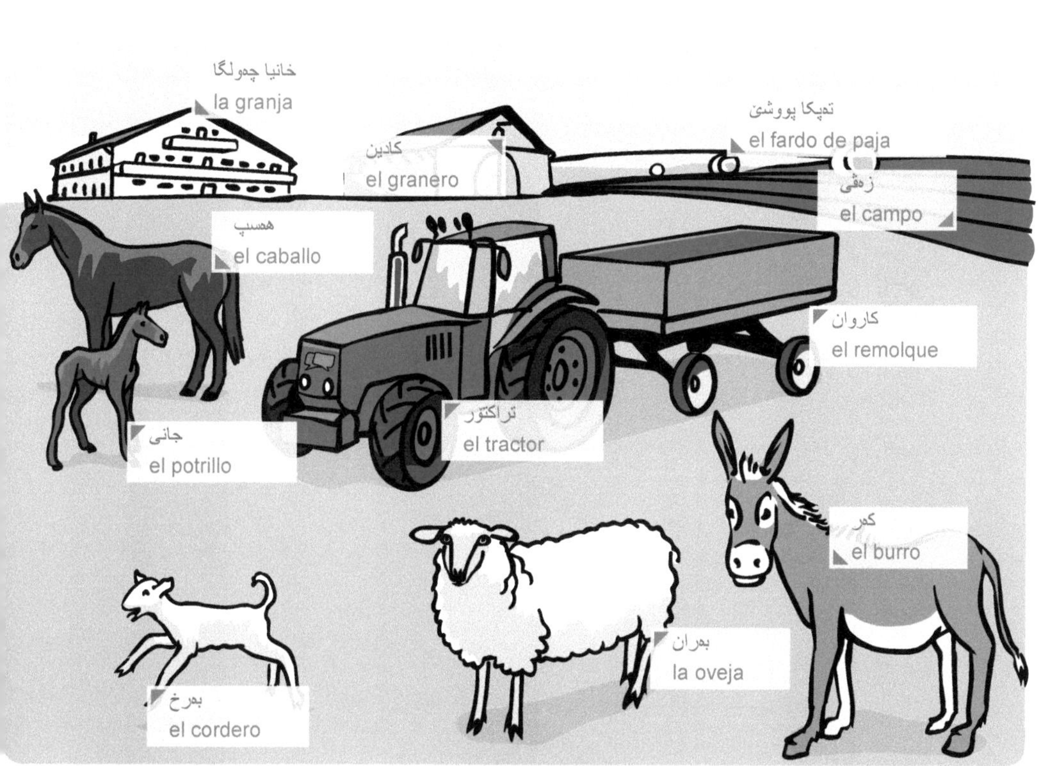
خانیا چەولگا
la granja
کادین
el granero
تەپکا پووشی
el fardo de paja
زەڤی
el campo
هەسپ
el caballo
کاروان
el remolque
تراکتور
el tractor
جانی
el potrillo
کەر
el burro
بەران
la oveja
بەرخ
el cordero

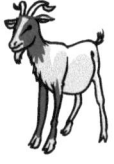

بزن

la cabra

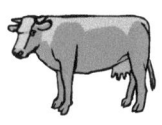

چێلەک

la vaca

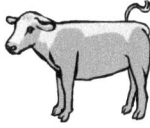

گۆلک

el ternero

بەراز

el cerdo

خنزیرک

el lechón

بۆخە

el toro

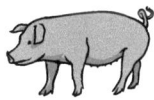

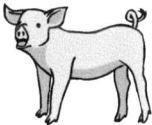

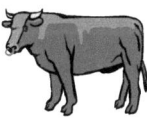

قاز

el ganso

مراقی

el pato

جووچک

el pollo

مریشک

la gallina

کەڵەشێر

el gallo

جرج

la rata

کتک

el gato

مشک

el ratón

گا

el buey

کوورچک

el perro

خانیا کووچکئ

la cucha

خانی باخئ

la manguera

قووتیکا ئافدانئ

la regadera

شالووک

la guadaña

گاسن

el arado

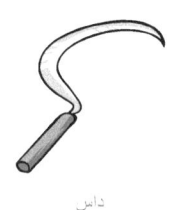

داس

la hoz

مەرپێر

la azada

دارساپک

la horquilla

بڠ

el hacha

دەستگەرە

la carretilla

قووتی خوارنا جانداران

el abrevadero

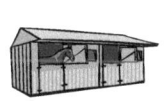

قووتی شیر

la lechera

توور

la bolsa

چەپەر

la reja

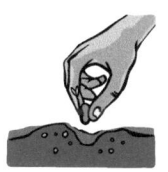

ناخور

el establo

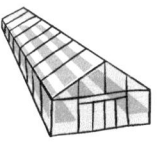

خانا کۆلیلکان

el invernadero

ناخ

el suelo

دەندک

la semilla

پەین

el fertilizador

کۆمباین

la cosechadora

زاد

cosechar

زاد

la cosecha

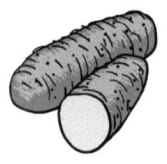

پەتەتە

las batatas

گەنم

el trigo

فاسۆلى

la soja

پەتەتە

la papa

دەخل

el maíz

دەندک

la semilla de colza

دارئ فێکی

el árbol frutal

سێڤئ بن نەردئ

la mandioca

زاد

los cereales

la casa

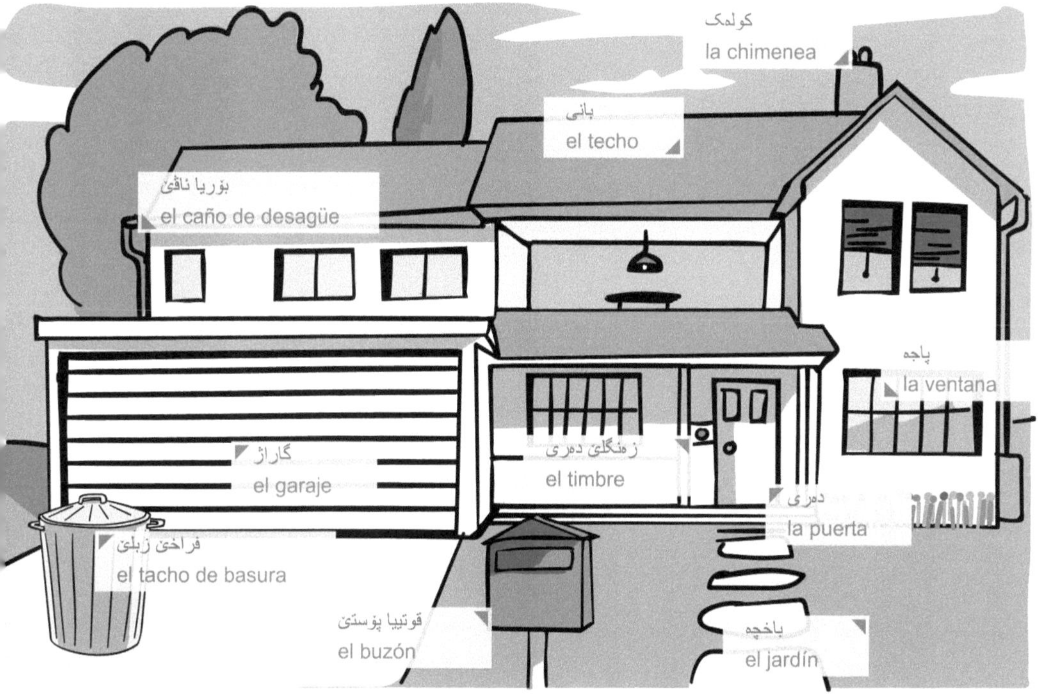

کولەمک
la chimenea

بانی
el techo

بۆریا ناڤۆ
el caño de desagüe

پاجه
la ventana

زەنگلئ دەری
el timbre

دەری
la puerta

گاراژ
el garaje

فراخئ زبلئ
el tacho de basura

قوتییا پۆستئ
el buzón

باخچه
el jardín

نۆدا روونشتنئ
el living

هممام
el baño

ممتبمخ
la cocina

نۆدا خموئ
el dormitorio

نۆدمیا زارۆک
el cuarto de los chicos

نۆدا شیڤئ
el comedor

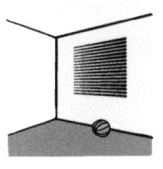

بنی
....
el piso

دیوار
....
la pared

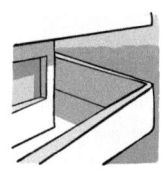

بمربان
....
el cielorraso

خمنزک
....
el sótano

ساونا
....
el sauna

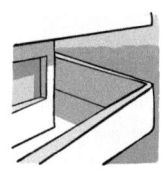

بالکۆن
....
el balcón

بمردانک
....
la terraza

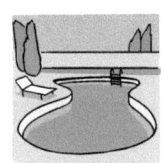

هۆوزا معلمۏانی
....
la pileta

چیمەن بر
....
la cortadora de pasto

مەلھەڤە
....
la sábana

بدتانی
....
el acolchado

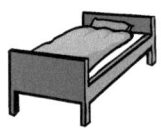

نقئن
....
la cama

گمزک
....
la escoba

ساتل
....
el balde

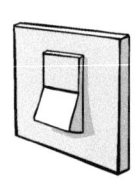

کلیل
....
el interruptor

كاخەزێ ديوار
el empapelado

وێنه
la imagen

لامپا
la lámpara

ڕەف
el estante

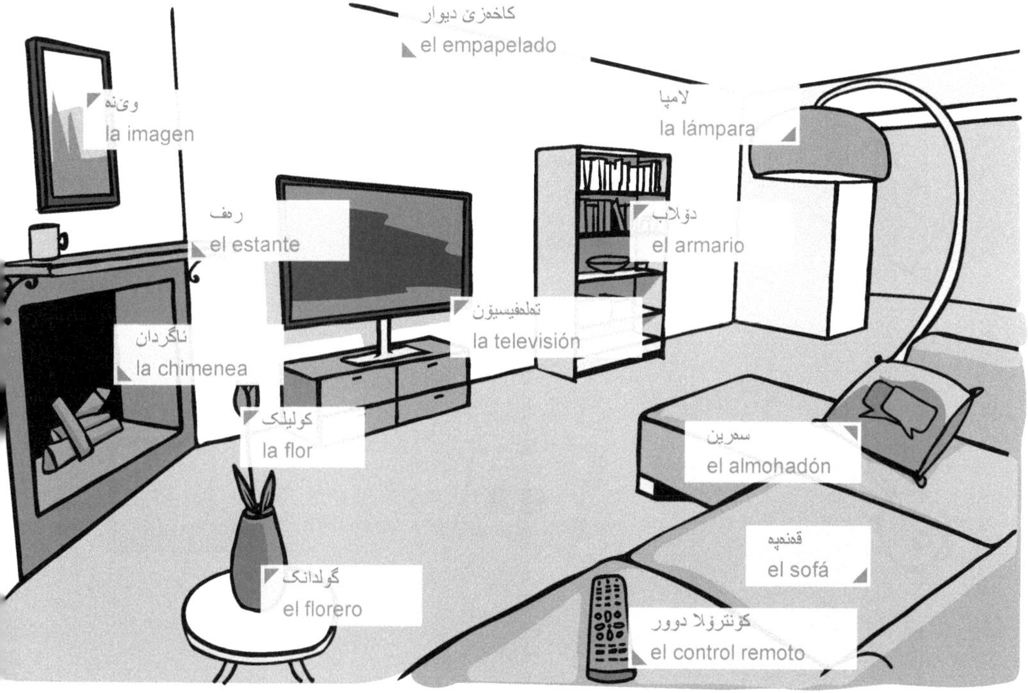

دۆلاب
el armario

ناگردان
la chimenea

تەلەڤيسيۆن
la televisión

كوليلك
la flor

سەرين
el almohadón

قەنەپه
el sofá

گۆلدانك
el florero

كۆنترۆلا دوور
el control remoto

خاليچه
la alfombra

پەردە
la cortina

ميز
la mesa

كورسى
la silla

كورسيا هەژانۆك
la mecedora

كورسى
el sillón

پرتووک

el libro

بەتانی

la frazada

خەملاندن

la decoración

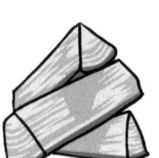

ئۆزنگ

la leña

فیلم

la película

هـ‌ف

el equipo de música

کلیل

la llave

رۆژنامە

el diario

نیگار

la pintura

پۆستەر

el póster

رادیۆ

la radio

دەفتەر

el cuaderno

سقُنکا نەلمەکتریکی

la aspiradora

کاکتووس

el cactus

مۆم

la vela

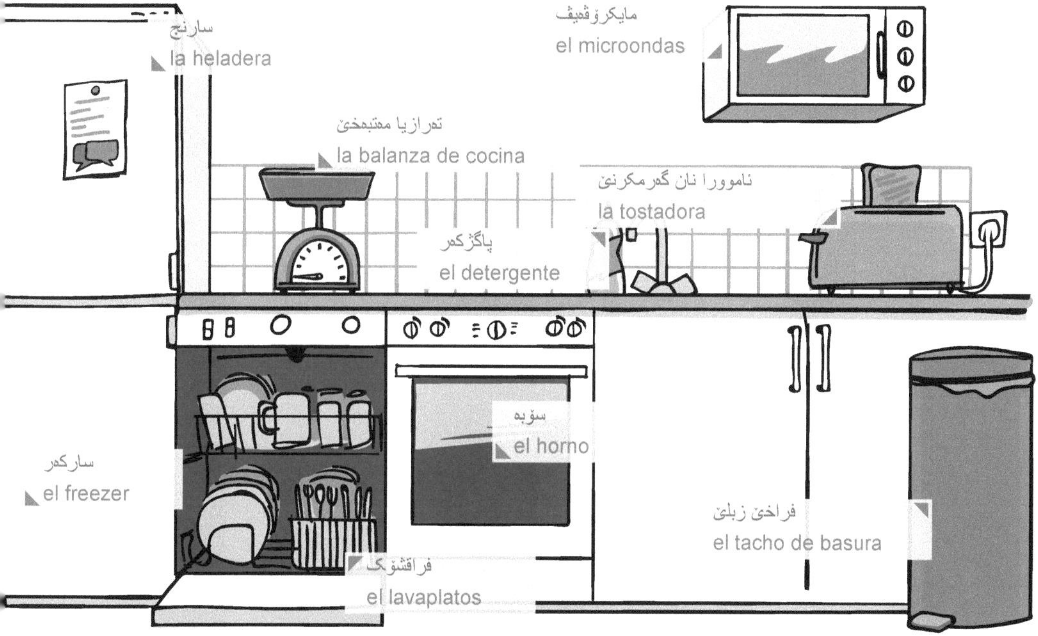

مايكرۆڤيڤ
el microondas

سارنج
la heladera

تەرازیا مەتبەخئ
la balanza de cocina

ناموورا نان گەرمکرنئ
la tostadora

پاگژکەر
el detergente

سۆبە
el horno

سارکەر
el freezer

فراخئ زبلئ
el tacho de basura

فراقشۆک
el lavaplatos

سۆبە
la cocina

نامان
la olla

ناماێ نووتوو
la olla de hierro fundido

فراقئ مەزن
el wok

دیزک
la sartén

کەلینک
la pava

فراقی هلمئ
....
la vaporera

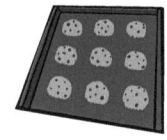

سۆنی نانی
....
la bandeja de horno

فراق
....
la vajilla

پیاله
....
la taza

کاسک
....
el bol

داری نانخوارن
....
los palitos

هەسک
....
el cucharón

کەفچیا ممزن
....
la espátula

رینەک
....
la batidora

کەفگیر
....
el colador

بۆژنگ
....
el colador

رێشکەر
....
el rallador

دەستار
....
el mortero

براشتن
....
la parrilla

ناگری ئاڵا
....
la fogata

تەختەیا بڕینێ

la tabla de picar

داركێ تیرێ

el palo de amasar

دەفك بادەك

el sacacorchos

قووتی

la lata

قووتیقهكر

el abrelatas

جاوێ نامانان

la manopla

دەستشۆ

la pileta

فرچە

el cepillo

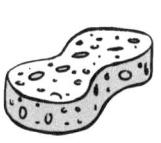

پارازۆئا

la esponja

تەفدێر

la batidora

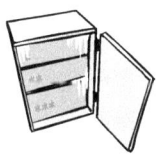

ساركرێ جەمەدی

el congelador

شووشه‌ بهبكان

la mamadera

هەنەفی

la canilla

el baño

دووش
la ducha

گۆرمژانک
la calefacción

خاولی
la toalla

پەردەیا ھەمامێ
la cortina de la ducha

کەڤئ ھەمام
el baño de espuma

ھەوزا ھەمام
la bañadera

قەدەھە
el vaso

جلشۆرک
el lavarropas

ناجوور
las baldosas

ھەمنەڤی
la canilla

توالەتا زارۆکان
la pelela

دسشنو
la pileta

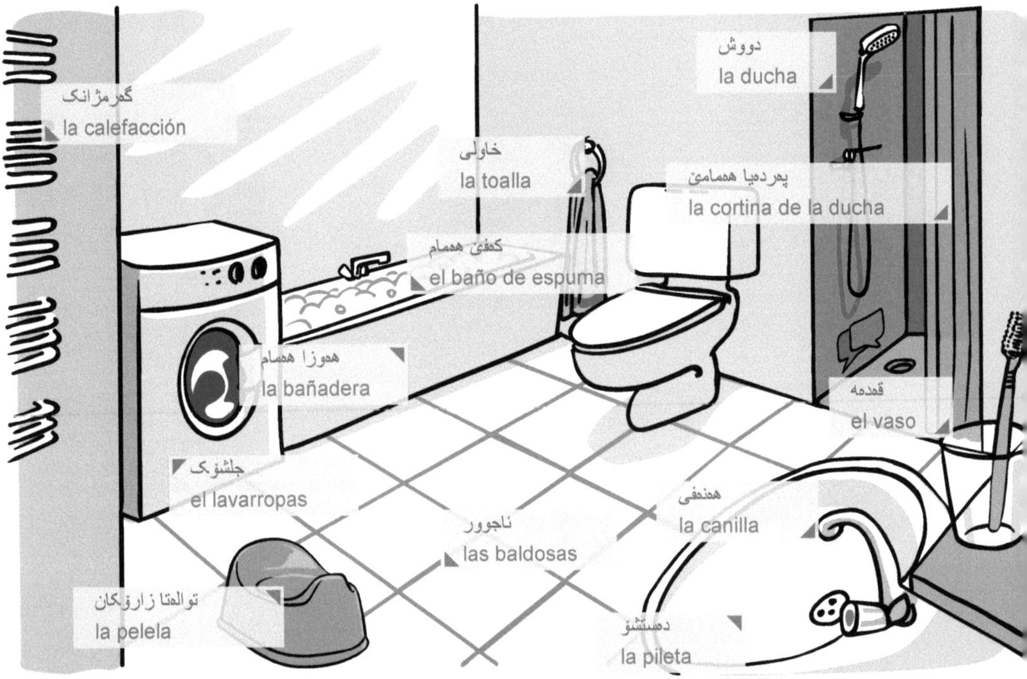

توالەت

el inodoro

توالەتا ئەردئ

la letrina

توالەت

el bidé

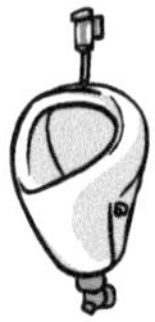

ناڤدەستخانا مێران

el mingitorio

کاخەزا توالەت

el papel higiénico

فرشەیا توالەت

el cepillo para el inodoro

فرچیا دران

el cepillo de dientes

ممجوونا دران

el dentífrico

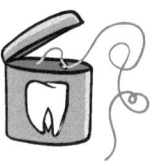

نمخا ددان

el hilo dental

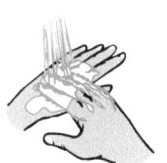

ﺷﻮﺷﺘﻦ

lavar

دووﺷﻰ دﺳﺘﻰ

la ducha de mano

دووش

la ducha higiénica

دﺳﺘﻨﻮ

la palangana

فرچا ﭘﺸﺖ

el cepillo para la espalda

سابوون

el jabón

جیﻟﻰ هﻤﻤﺎم

el gel de ducha

ﺷﺎﻣﭙﻮ

el shampoo

فانیله

la toallita

زیﺮﺎب

el desagüe

كریﻢ

la crema

بوﻦ خوﺷﻜﺮ

el desodorante

مرێک
el espejo

مرێکا دەستێ
el espejito

گووزان
la maquinita de afeitar

کەفێ تەراشینێ
la espuma de afeitar

مەجوونا پشتی تەراشینێ
el aftershave

شەه
el peine

فرچە
el cepillo

پۆر هیشککر
el secador de pelo

سپرایا پۆرێ
el spray

کۆزمەدتیک
el maquillaje

سۆرافک
el lápiz de labios

رەنگێ نینۆک
el esmalte para uñas

پەمبوو
el algodón

مەقەستا نینۆک
la tijera para uñas

پارفووم
el perfume

چەوالئ هەمامئ
....

el portacosméticos

كورسيا بێپشت
....

la banqueta

تەرازى
....

la balanza

كنجا هەمامئ
....

la bata

لەپكا لاستیكئ
....

los guantes de goma

تامپۆن
....

el tampón

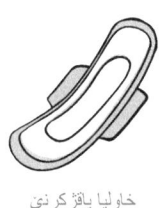

خاولیا پاۆژكرنئ
....

la toallita femenina

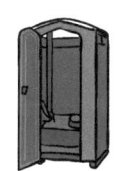

توالێتا كیمییوی
....

el baño químico

el cuarto de los chicos

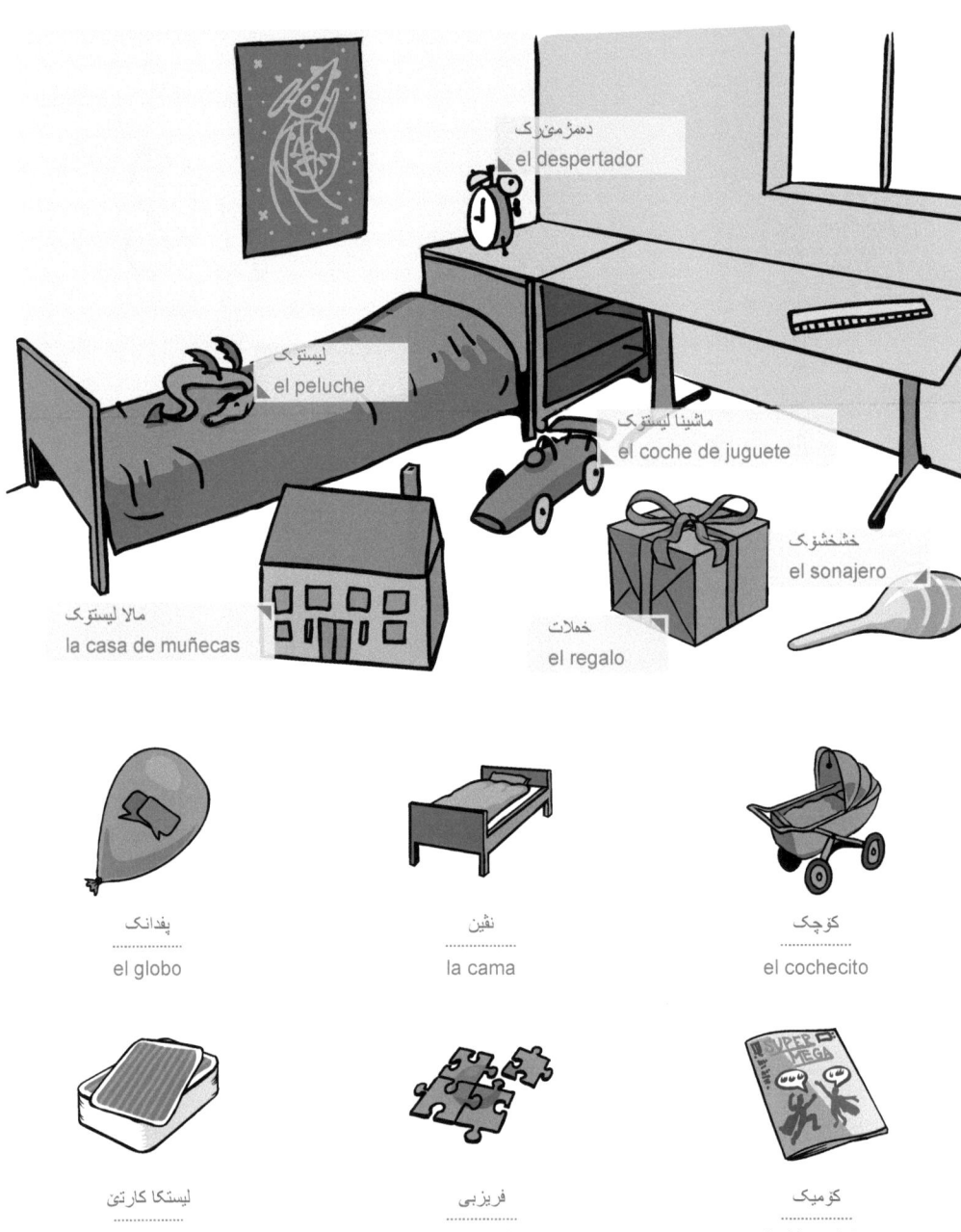

دەمژمێرک
el despertador

لیستۆک
el peluche

ماشینا لیستۆک
el coche de juguete

خشخشۆک
el sonajero

مالا لیستۆک
la casa de muñecas

خەلات
el regalo

پفدانک
el globo

نڤین
la cama

کۆچک
el cochecito

لیستکا کارتێن
las cartas

فریزبی
el rompecabezas

کۆمیک
la historieta

ناجوورا لێگۆ

las piezas de lego

ناجوورا لیستۆک

los ladrillos de juguete

بووكە شووشد

la figura de acción

كنجا بەبكان

el enterito (de bebé)

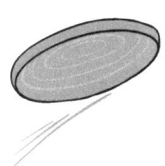

فرزبێ

el frisbee

فەگو هەستن

el móvil para bebés

لیستكۆن تەختە

el juego de mesa

مۆر

los dados

مۆدێلا ترێنێ

el tren eléctrico

مەمك

el chupete

جەژن

la fiesta

كتێبا وێنە

el libro de cuentos ilustrado

تۆپ

la pelota

بووكە شووشە

la muñeca

لەیستن

jugar

كونا خيزئ
....

el arenero

جۆلانه
....

la hamaca

ليستوكان
....

los juguetes

ليستكا ڤيدهۆيى
....

la consola de videojuegos

سيچهرخه
....

el triciclo

هرچا ليستوك
....

el osito de peluche

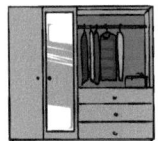

جلدانک
....

el armario

la ropa

گۆره
....

las medias

گۆره
....

las medias panty

دهرپئگۆرئ
....

las calzas

شال
la bufanda

چەتر
el paraguas

کراس
la remera

قایش
el cinturón

سۆلكئ ناڤ مالئ
las pantuflas

شمكال
las botas

سۆلك
las zapatillas

سۆلك
las sandalias

سۆل
los zapatos

پوئینا چەرمئ
las botas de goma

پانتۆلئ ژئر
la ropa interior

پئسیربەند
el corpiño

چەكبەند
el chaleco

جمەندەک
....
el body

پانتۆل
....
los pantalones

ژ مانس
....
los jeans

دامان
....
la pollera

کر اس
....
la blusa

کر اس
....
la camisa

فانێڵه
....
el pulóver

فانێڵه
....
el buzo

جاکێت
....
el blazer

ساکۆ
....
la campera

چاکهت
....
el tapado

بارانی
....
el piloto

لهباس
....
el traje

فیستان
....
el vestido

جلئ داوهتئ
....
el vestido de novia

چاکیت

el traje

پێجامە

el camisón

پێجامە

el pijama

ساری

el sari

لەچک

el pañuelo para la cabeza

میزەر

el turbante

مەزەر

la burka

کافتان

el caftán

ئەبا

la abaya

کنجا ئاژنوکرن

el traje de baño

جلکا مەلەڤانی

el short de baño

شۆرت

los shorts

جلا هەلقوژکاری

el jogging

پێشمال

el delantal

لەپک

los guantes

دوگمه

el botón

بەرچاڤک

los anteojos

بازن

la pulsera

گەردنی

el collar

گوستیل

el anillo

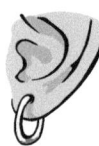

گوهارک

el aro

دەفک

la gorra

هلافستەک

la percha

کووم

el sombrero

کراوات

la corbata

زیپ

el cierre

سەرپارێز

el casco

دەرزی

los tiradores

کنجا دبستانئ

el uniforme escolar

یوونیڤۆرم

el uniforme

بەردلک

el babero

مەمک

el chupete

پۆنداخ

el pañal

ئۆفیس

la oficina

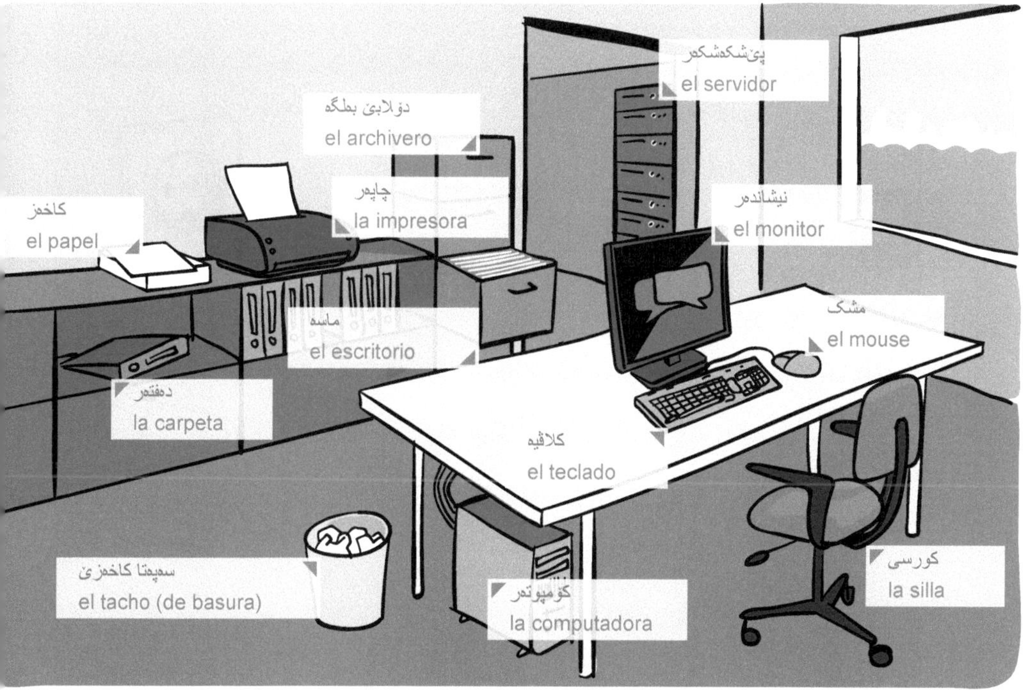

پێشکەشکەر
el servidor

دۆلابی بەلگە
el archivero

نیشاندەر
el monitor

کاخەز
el papel

چاپەر
la impresora

ماسە
el escritorio

مشک
el mouse

دەفتەر
la carpeta

کلاڤیه
el teclado

سەپەتا کاخەزێ
el tacho (de basura)

کومپیوتەر
la computadora

کورسی
la silla

کاسکا قەھوە

la taza de café

ھەسابکەر

la calculadora

ئینتەرنەت

el internet

كۆمپيوتەرا لايتوپ

la laptop

نامە

la carta

پەيام

el mensaje

تەلەفۆنا مۆبيل

el celular

تۆر

la red

مەكينا فۆتۆكۆپيى

la fotocopiadora

سۆفتوارە

el software

تەلەفۆن

el teléfono

سۆچكەتا فيشمك

el tomacorriente

مەكينا فاخئ

el fax

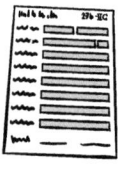

فۆرم

el formulario

بەلگە

el documento

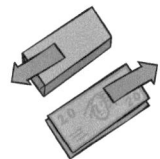

كرين

comprar

پەرە دان

pagar

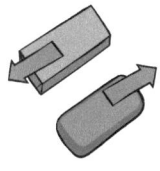

بازرگانى

hacer negocios

پەرە

el dinero

دوللار

el dólar

يۇرو

el euro

يەنئ ژاپونئ

el yen

رۇبلئ رووسى

el rublo

فرانكئ سويسئ

el franco suizo

يۇانئ چينئ

el yuan

رووپئ هندى

la rupia

ممكينا ژخودەبرا دراڭ

el cajero automático

نۆفىسا پەرە ڧەگوھارتنئ
....
la casa de cambio

زێڕ
....
el oro

زیڤ
....
la plata

نەفت
....
el petróleo

وزە
....
la energía

بها
....
el precio

پەیمان
....
el contrato

باخ
....
el impuesto

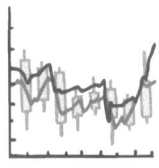

سەهام
....
la acción

كاركرن
....
trabajar

كاركەر
....
el empleado

كاردا
....
el empleador

فابریكا
....
la fábrica

دكان
....
el negocio

پرۆفەسیۆن

las ocupaciones

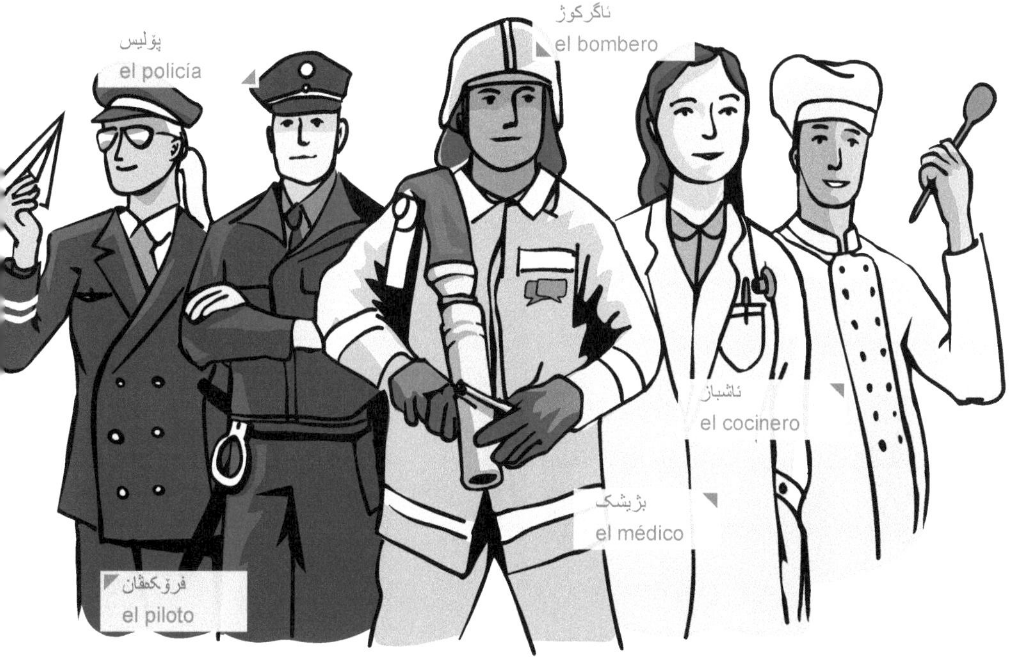

پۆلیس
el policía
ئاگرکوژ
el bombero
ئاشباز
el cocinero
بژیشک
el médico
فرۆکەڤان
el piloto

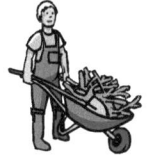

باخچەڤان

....

el jardinero

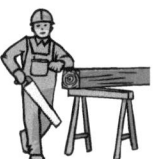

نەجار

....

el carpintero

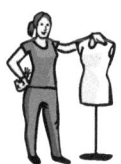

دروونڤان

....

la modista

هاکم

....

el juez

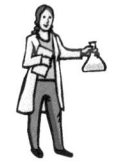

شیمیازان

....

el farmacéutico

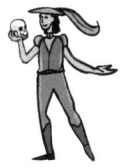

شانۆگەر

....

el actor

شوفێری پاسی

el colectivero

شوفێرەکی تاکسیی

el taxista

ماسیگرفان

el pescador

پاگژکەر

la mucama

چینکری بانی

el techista

بەرکار

el mozo

نێچرفان

el cazador

رەنگرێس

el pintor

نانپێژ

el panadero

کارەباڤان

el electricista

ناڤاکەر

el albañil

ئەندزیار

el ingeniero

قەساب

el carnicero

لوولەمکار

el plomero

پۆستەڤان

el cartero

نەسكەر
....
el soldado

میمار
....
el arquitecto

درافگر
....
el cajero

فرۆتكارا چیچەكان
....
el florista

پۆرچنکەر
....
el peluquero

ناژۆڤان
....
el cobrador

مەكانیک
....
el mecánico

كەشتیڤان
....
el capitán

پزیشكا ددانان
....
el dentista

زانستیار
....
el científico

رووهان
....
el rabino

نێمام
....
el imán

كەشە
....
el monje

كەشیش
....
el sacerdote

ئامووران
las herramientas

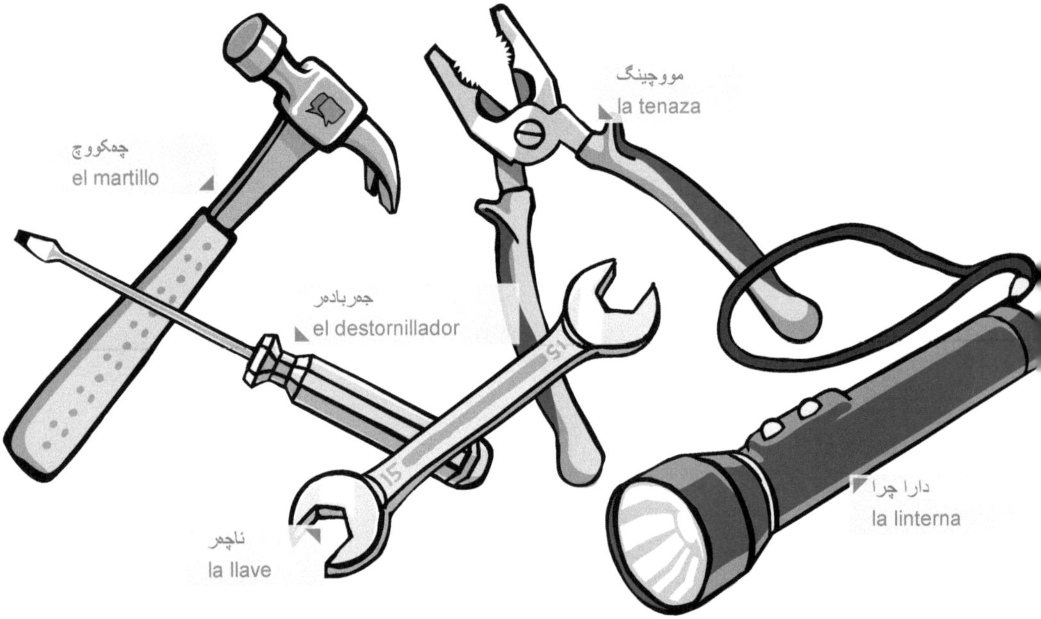

مووچینگ
la tenaza
چەکووچ
el martillo
جەربادەر
el destornillador
ئاچەر
la llave
دارا چرا
la linterna

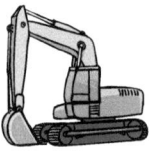

شۆفەل

la excavadora

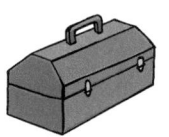

قووتیا ئامووران

la caja de herramientas

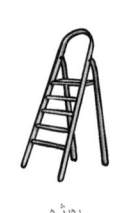

پەیژە

la escalera portátil

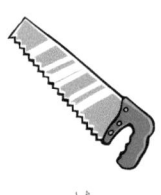

مشار

la sierra

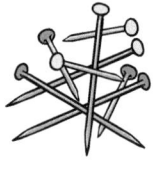

میخ

los clavos

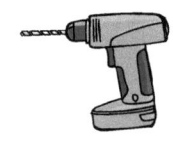

قولکرن

el taladro

چیٚکرن

arreglar

مەربیٚر

la pala de jardín

نالەت!

¡Qué bronca!

بیٚل

la pala de plástico

قووتیا رەنگیٚ

el tacho de pintura

جەر

los tornillos

ئامووریٚن موۆزیكیٚ

los instrumentos musicales

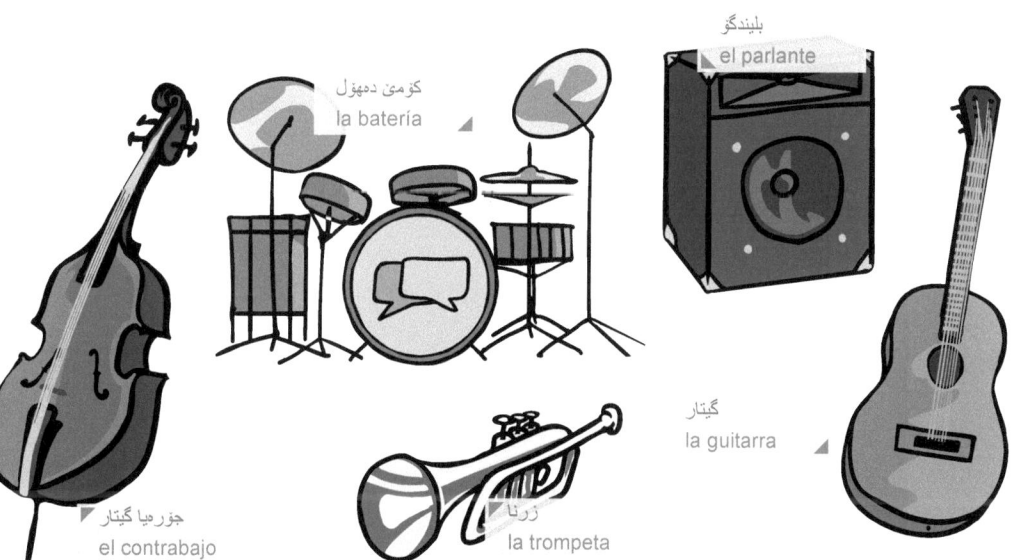

بلیندگۆ
el parlante

كۆمیٚ دەهۆل
la batería

گیتار
la guitarra

جۆرەیا گیتار
el contrabajo

زرنا
la trompeta

پیانۆ

el piano

ڤیۆلین

el violín

باس

el bajo

دەهۆڵ

los timbales

داهۆڵ

el tambor

کیبیۆارد

el teclado

ساکسۆفۆن

el saxofón

بلوور

la flauta

میکرۆفۆن

el micrófono

باخچا هەیوانان

el zoológico

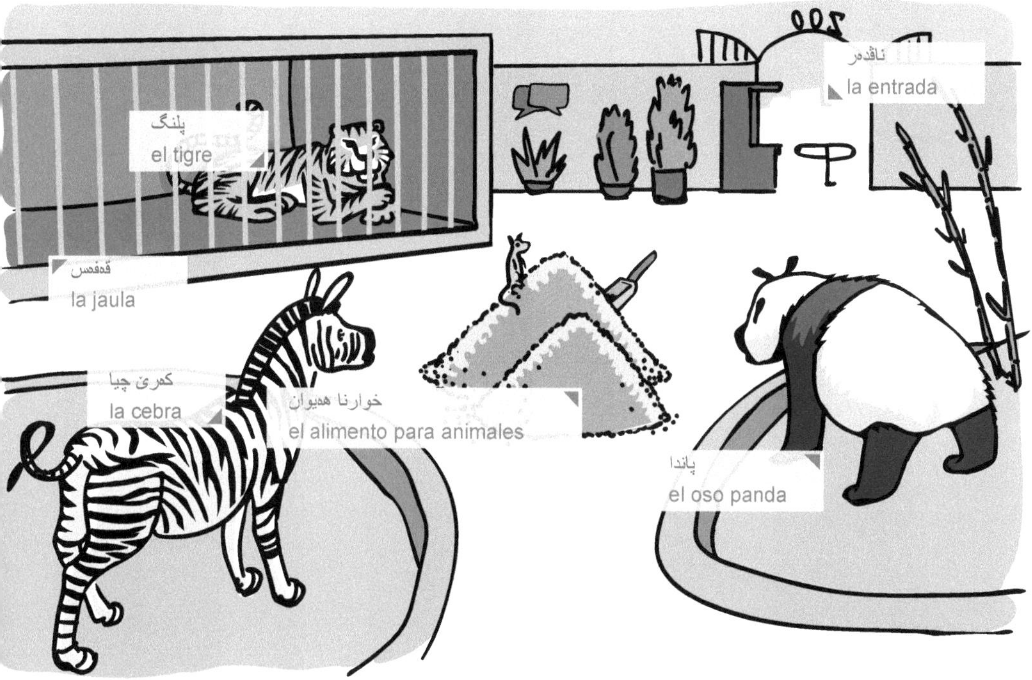

ناڤدەر
la entrada
پلنگ
el tigre
قەفەس
la jaula
کەرێ چیا
la cebra
خوارنا هەیوان
el alimento para animales
پاندا
el oso panda

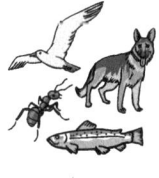

هەیوان
....
los animales

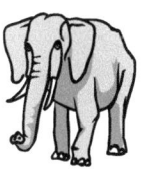

فیل
....
el elefante

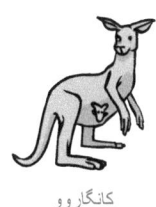

کانگاروو
....
el canguro

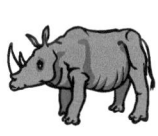

کەرکەدەن
....
el rinoceronte

گۆریل
....
el gorila

هرچ
....
el oso

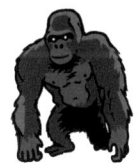

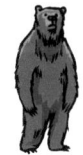

هۀشتر

el camello

هۀشترمه

el avestruz

شێر

el león

مەيموون

el mono

فلامينگۆ

el flamenco

پاپاخان

el loro

هرچا جەمسەرى

el oso polar

پەنگوين

el pingüino

سەماسى

el tiburón

تاووس

el pavo real

مار

la serpiente

تمساح

el cocodrilo

پارێزەرا باخچا ئاژەلاان

el cuidador del zoológico

سەيا دەريا

la foca

پلنگ

el jaguar

هډسپ

el poni

پلنگ

el leopardo

هډسپی رووبار

el hipopótamo

جانهۍشتر

la jirafa

هملو

el águila

بدرازئ کوڅی

el jabali

ماسی

el pescado

کووسی

la tortuga

والرس

la morsa

رؤڅی

el zorro

خدزال

la gacela

los deportes

فووتبۆلی ئامەریکا
el fútbol americano

بسكلێتان
el ciclismo

تەنیس
el tenis

باسكێتبۆل
el básquet

ناوقڕمنیكرن
la natación

بۆكسنگ
el boxeo

هۆكيا سەر جەممەدی
el hockey sobre hielo

فووتبۆل
el fútbol

بادمنتۆن
el bádminton

یێ ناتلەتیزمێ
el atletismo

هەمدبۆل
el handball

بەفراژۆتن
el esquí

پۆلۆ
el polo

کمنین — reir

هـلـیـمـكـه — saltar

هـهمبێز — abrazar

بـرێـقـهچـوون — caminar

لاوژه گوتن — cantar

خـهون دیتن — soñar

نـمێـژ كرن — rezar

ماچـكرن — besar

نۆیساندن — escribir

نـیـگـار كـێـشـان — dibujar

نیشان دان — mostrar

پـالـدان — presionar

دایـیـن — dar

راكـرن — tomar

هەبیین

tener

کرن

hacer

بوون

ser

سمکئنین

estar parado

بازدان

correr

کشاندن

tirar

ناڤێتن

tirar

کەتن

caer

دەرەوکرن

estar acostado

سمکئنین

esperar

گوهەزتن

llevar

روونشتن

estar sentado

جل بەرکرن

vestirse

رازان

dormir

رابوون

despertar

مێزه كرن

mirar

گرين

llorar

جدلتد

acariciar

شه كرن

peinar

پەيڤين

hablar

فامكرن

entender

پرسكرن

preguntar

بهيستن

escuchar

قهخوارن

beber

خوارن

comer

كۆم كرن

ordenar

هەزكرن

amar

خوارن چێكرن

cocinar

ئاژۆتن

manejar

فرين

volar

كەشتيڤانى

navegar

هەسبياندن

calcular

خوێندن

leer

فێربوون

aprender

كاركرن

trabajar

زەوجين

casarse

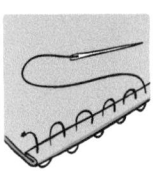

درووتن

coser

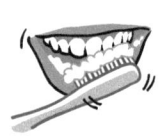

ددان شووتن

cepillarse los dientes

كوشتن

matar

دووخان

fumar

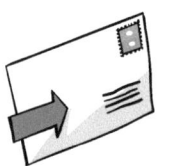

شاندن

enviar

داپير
la abuela

باپير
el abuelo

باث
el padre

دئ
la madre

بهبهك
el bebé

كمچ
la hija

كور
el hijo

مېڅان
el invitado

ممت
la tía

نادر/خال
el tío

برا
el hermano

خوشل
la hermana

بەدەن

el cuerpo

ئەنی
la frente
چاڤ
el ojo
مل
el hombro
تلی
el dedo
روو
la cara
زەنی
la pera
دەست
la mano
لنگ
la pierna
سینگ
el pecho
پیل
el brazo

بەبەک
....
el bebé

مێر
....
el hombre

ژن
....
la mujer

کچ
....
la nena

کۆر
....
el nene

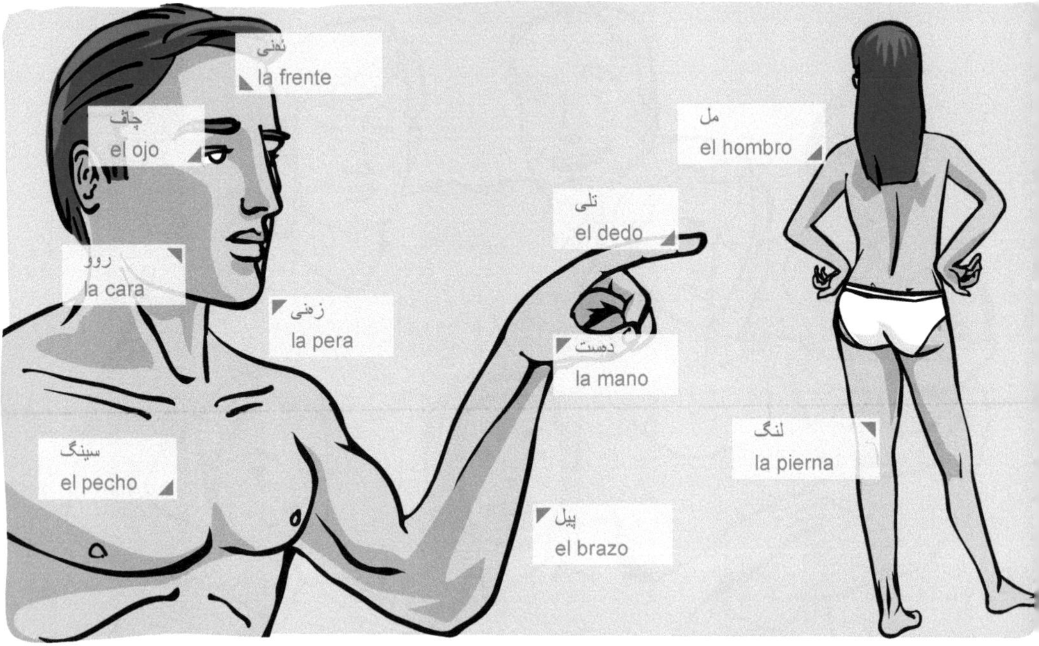

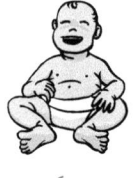

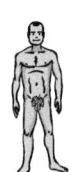

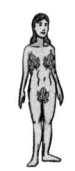

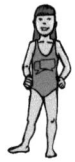

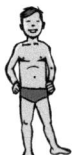

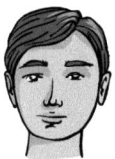

سەر
....
la cabeza

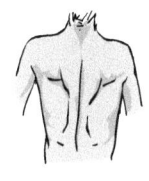

پشت
la espalda

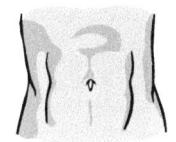

زک
la panza

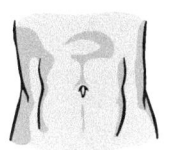

ناف
el ombligo

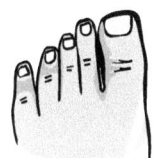

تلیایا پی
el dedo del pie

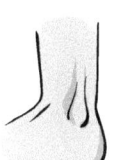

پانی
el talón

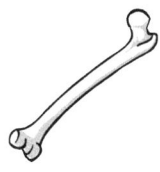

هدستی
el hueso

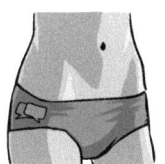

کوولیمهک
la cadera

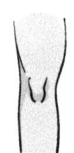

ژوونی
la rodilla

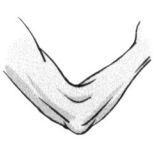

تدنیشک
el codo

دفن
la nariz

قوون
la cola

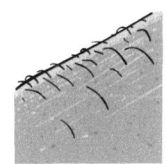

چدرم
la piel

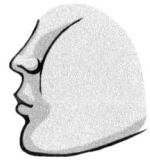

روو
el cachete

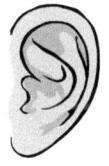

گووه
la oreja

لئف
el labio

دەف
....
la boca

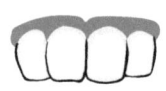

دران
....
el diente

زمان
....
la lengua

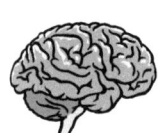

مێژی
....
el cerebro

دڵ
....
el corazón

ماسوول
....
el músculo

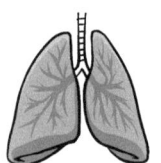

جیگەرا سپی
....
el pulmón

جەمگەر
....
el hígado

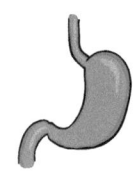

ماده
....
el estómago

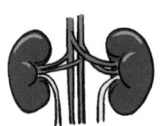

گورچکان
....
los riñones

جۆتبوون
....
el sexo

کۆندۆم
....
el preservativo

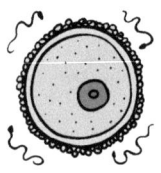

هێک
....
el óvulo

تۆف
....
el semen

دووجانی
....
el embarazo

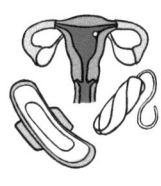

ناده
la menstruación

قووز
la vagina

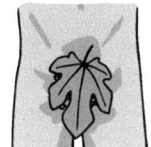

کیر
el pene

بروو
la ceja

پۆر
el pelo

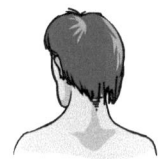

هووستوو
el cuello

نەخوەشخانە

el hospital

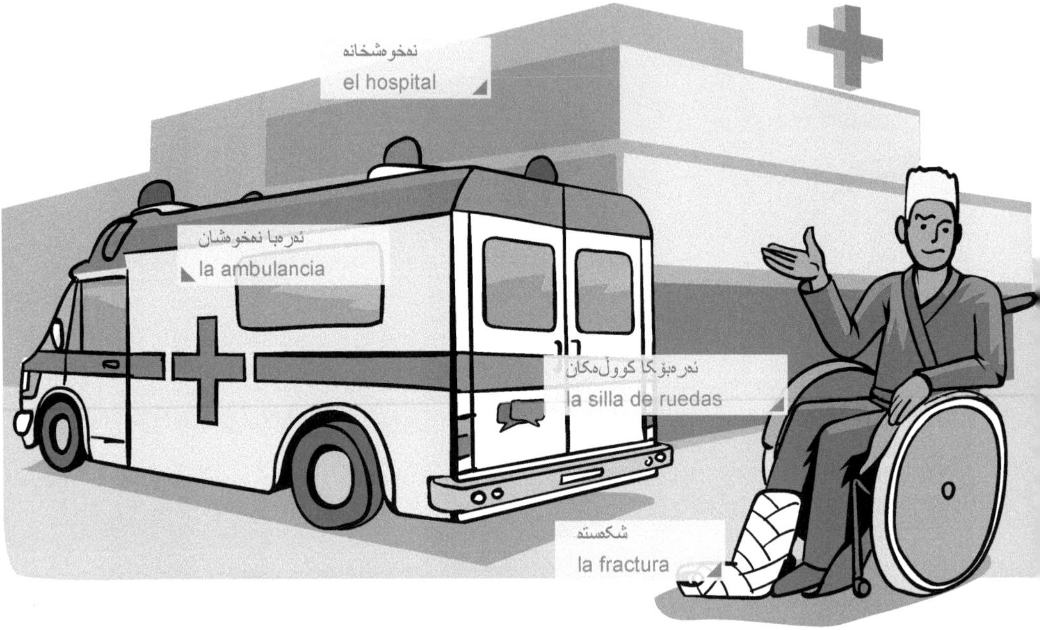

نەخوەشخانە
el hospital
ئەرەبا نەخوەشان
la ambulancia
ئەرەبۆکا کوولەکان
la silla de ruedas
شکەستە
la fractura

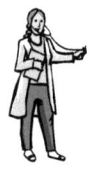

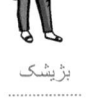

بژیشک

el médico

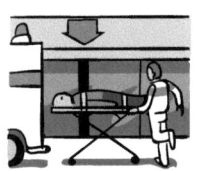

ئۆدا لەزگینێ

la sala de guardia

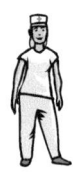

نەخوەشیار

la enfermera

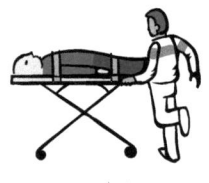

ئاجیلییەت

la emergencia

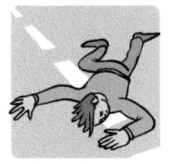

بێهای

inconsciente

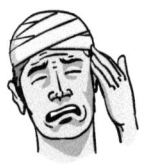

ئێش

el dolor

برین
la lesión

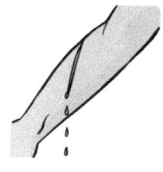

خوێنپژان
la hemorragia

هۆرشا دلی
el infarto

جدلتد
el ACV

نالهرژی
la alergia

کوخک
la tos

تا
la fiebre

زکام
la gripe

ناڤجووین
la diarrea

سهری‌ش
el dolor de cabeza

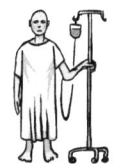

قانسێر
el cáncer

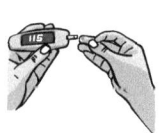

نهخوشیا شهکری
la diabetes

نهمهلیکار
el cirujano

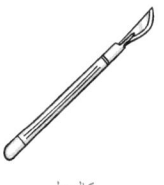

سکالپێل
el bisturí

نهمهلی
la operación

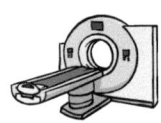

جت
....
la TC

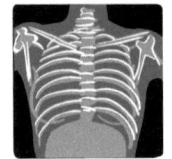

سوورەتی رۆنتگێن
....
los rayos x

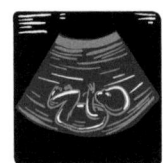

ئوولتراساوند
....
la ecografía

ماسکی رووێی
....
el barbijo

نەخوشی
....
la enfermedad

نۆدا سەکنینێ
....
la sala de espera

گۆچان
....
la muleta

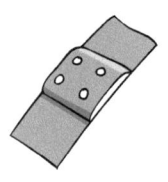

شێل
....
la curita

پاچی برینپێچانی
....
la venda

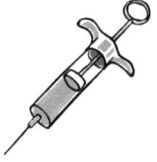

دەرزی
....
la inyección

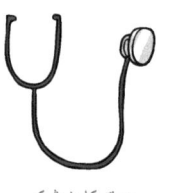

بیستوکا پزیشکی
....
el estetoscopio

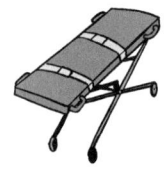

داربەست
....
la camilla

تێهنپێڤا کلینیکی
....
el termómetro

زایین
....
el nacimiento

قەلەو
....
el sobrepeso

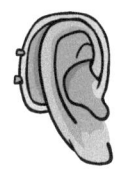

ناليكاريا بهيسئنئ

el audífono

باكتعريكوژ

el desinfectante

كوتيبوون

la infección

فيرووس

el virus

هف / نادس

el VIH / SIDA

دەرمان

el remedio

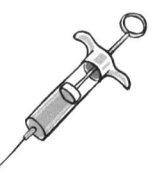

كوتان

la vacunación

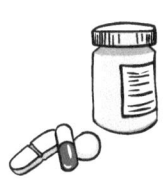

هدبان

los comprimidos

هدب

la pastilla anticonceptiva

لەزگين

la llamada de emergencia

ديمەندەرئ پەستۆ خوين

el tensiómetro

نەخوش / ساخ

enfermo / sano

la emergencia

همواری!

¡Ayuda!

مارالان

la alarma

شیریۆن

la agresión

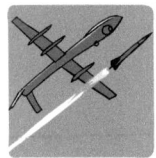

نئریشكرن

el ataque

كووالات

el peligro

لجان اتنكمرهد

la salida de emergencia

ناگر!

¡Fuego!

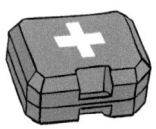

نئرانمرفهق رگان

el matafuego

ازقد

el accidente

مهكمي ایراكیلان نیتهلان

el botiquín de primeros
auxilios

سۆس

el SOS

پۆلیس

la policía

la Tierra

ئەورۆپا

Europa

ئامېریكایا باكوور

América del Norte

ئامېریكایا باشوور

América del Sur

ئافریكا

África

ئاسیا

Asia

ئاووسترالیا

Australia

ئاتلانتیك

el Atlántico

ئۆكیانووسا مەزن

el Pacifico

ئۆكیانووسا هندی

el Océano Índico

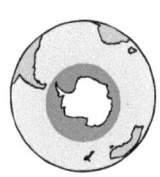

ئۆكیانووسا ئانتاركتیكا

el Océano Antártico

ئۆكیانووسا ئاركتیك

el Océano Ártico

جەمسەرا باكوور

el polo norte

جمعسمرا باشوور
....
el polo sur

نانتاركتيكا
....
la Antártida

نهرد
....
la Tierra

ناخ
....
la tierra

بهر
....
el mar

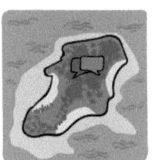

دوورگه
....
la isla

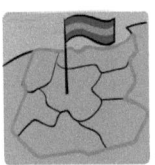

ملللمت
....
la nación

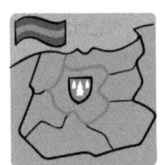

وملات
....
el estado

تصویر ساعت

la esfera

عقربه زمان‌درکان

la manecilla de las horas

عقربه دقیقه‌درکان

el minutero

ثانیه‌درکان

el segundero

ساعت چنده؟

¿Qué hora es?

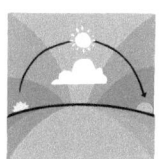

روز

el día

دم

la hora

نها

ahora

ساعت دیجیتال

el reloj digital

دقیقه

el minuto

ساعت

la hora

la semana

دووشەم
lunes

چارشەم
miércoles

یذ/هەینی
viernes

TU

سێشەم
martes

TH

شەمی
sábado

SA

SO

پێنجشەم
jueves

یەکشەم
domingo

دوه
ayer

نیرۆ
hoy

سبەی
mañana

سبە
la mañana

نیوەرۆ
el mediodía

ئێوارە
la tarde

رۆژێن کاری
los días hábiles

داویا هەفتە
el fin de semana

باران
la lluvia

كەسكەسۆر
el arco iris

بەفر
la nieve

با
el viento

بەهار
la primavera

پاییز
el otoño

هاوین
el verano

زستان
el invierno

4.APRIL	11°	☀
5.APRIL	4°	☁
6.APRIL	13°	☁
7.APRIL	8°	❄
8.APRIL	10°	☀

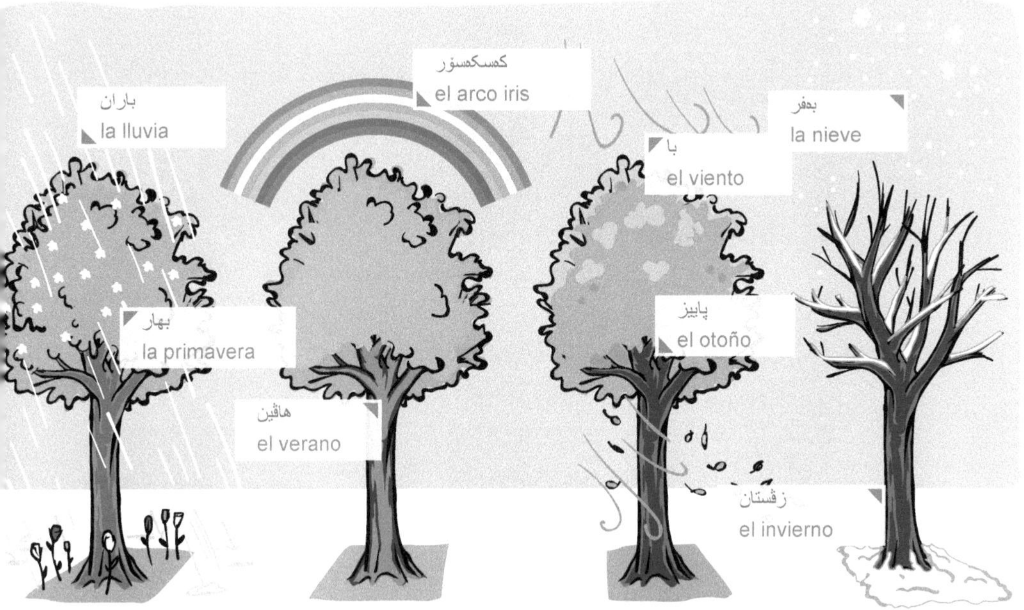

پێشبینیا هەوا
l pronóstico meteorológico

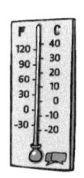

تەهنپیڤ
el termómetro

تاڤ
la luz del sol

هەور
la nube

مژ
la niebla

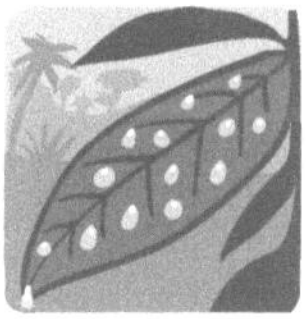

هیمی
la humedad

برق
....
el rayo

برووسک
....
el trueno

تۆفان
....
la tormenta

تەرگ
....
el granizo

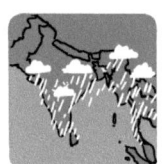

مانسوون
....
el monzón

لەھی
....
la inundación

جەمەد
....
el hielo

ڕێبەندان
....
enero

رەشەمە
....
febrero

نەورۆز
....
marzo

گوڵان
....
abril

جۆزەردان
....
mayo

پووشپەر
....
junio

گەلاوێژ
....
julio

خەرمانان
....
agosto

ره‌زبه‌ر

septiembre

كۆچه‌ر

octubre

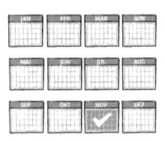

سه‌رماوه‌ز

noviembre

به‌فرانبار

diciembre

چه‌مبه‌ر

el círculo

چارچک

el cuadrado

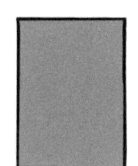

چارقۆزی

el rectángulo

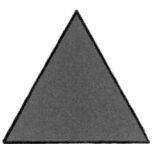

سێقۆزی

el triángulo

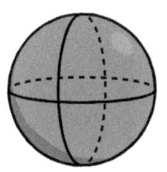

قادا

la esfera

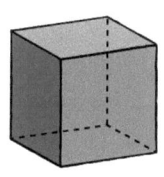

خشتمک

el cubo

colores

سپی

blanco

زەرد

amarillo

پرتەقالی

naranja

پەمبە

rosa

سۆر

rojo

مۆر

violeta

شین

azul

کەسک

verde

قەهوەیی

marrón

گۆور

gris

رەش

negro

زۆر / کەم

mucho / poco

ب هێرس / بێدەنگ

enojado / tranquilo

بەدەو / نەرێند

lindo / feo

دەستپێک / داوی

el principio / el fin

مەزن / بچووک

grande / chico

رۆنی / تاری

claro / oscuro

براک / خوشک

el hermano / la hermana

پاگژ / گرێژ

limpio / sucio

تەڤی / نەتەمام

completo / incompleto

رۆژ / شەڤ

el día / la noche

مری / زندی

muerto / vivo

فرە / تەنگ

ancho / angosto

خوش / نمخوش

comestible / no comestible

نمباش / باش

malo / amable

ب همیمجان / ناجز

entusiasmado / aburrido

قلمو / زراف

gordo / flaco

يمكدمين / داوين

primero / último

هدفال / دژمن

el amigo / el enemigo

تژی / ڤالا

lleno / vacío

رڤق / نهرم

duro / blando

گران / سڤک

pesado / liviano

برچی / تینی

el hambre / la sed

نمخوش / ساخ

enfermo / sano

نڤانوونی / ڤانوونی

ilegal / legal

رهوشهنبیر / بالووله

inteligente / estúpido

چپپ / راست

izquierda / derecha

نۆنزی / دوور

cerca / lejos

نوو / بکارهاتی

nuevo / usado

هیچ / تشتێک

nada / algo

کال / جوان

viejo / joven

ل / ژ

encendido / apagado

فهکری / گرتی

abierto / cerrado

نارام / دەنگبلند

silencioso / ruidoso

دەولەمەند / ربمەن

rico / pobre

راست / شاش

correcto / incorrecto

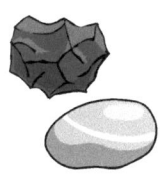

در / هلوو

áspero / suave

خەمگین / شا

triste / contento

کورت / دریژ

corto / largo

هێدی / زوو

lento / rápido

شل / زوا

mojado / seco

گەرم / هێنک

caliente / frío

شەڕ / ئاشتی

guerra / paz

los números

0

سفر

cero

1

کەم

uno

2

دوو

dos

3

سێ

tres

4

چار

cuatro

5

پێنج

cinco

6

شەش

seis

7

هەفت

siete

8

هەشت

ocho

9

نۆ

nueve

10

دە

diez

11

یازدە

once

12

دازده
doce

13

سوزده
trece

14

چارده
catorce

15

پازده
quince

16

شازده
dieciséis

17

هدفده
diecisiete

18

هەژده
dieciocho

19

نۆزدە
diecinueve

20

بیست
veinte

100

سەد
cien

1.000

هەزار
mil

1.000.000

ملیۆن
el millón

los idiomas

نینگلیزی

el inglés

ننگلیزیا نامېریکی

el inglés americano

چینی ماندارین

el chino mandarín

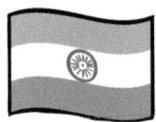

هوئندی

el hindi

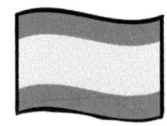

نیسپانیولی

el español

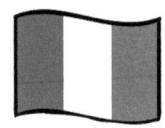

فرەنسی

el francés

ئەرەبی

el árabe

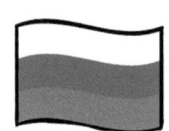

رووسی

el ruso

پۆرتوگالی

el portugués

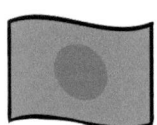

بېنگالی

el bengalí

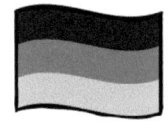

ئەلمانی

el alemán

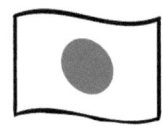

ژاپۆنی

el japonés

quién / qué / cómo

من

yo

تو

vos

ندو / ئەف / ئەو

él / ella

ئەم

nosotros

تو

ustedes

ئەو

ellos

کێ؟

¿quién?

چ؟

¿qué?

چاوا؟

¿cómo?

کیدەری؟

¿dónde?

کەنگی؟

¿cuándo?

ناڤ

el nombre

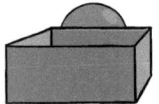

پشتی
detrás

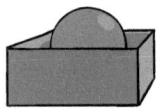

en

پێشی
adelante de

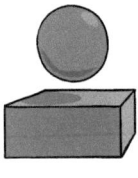

سەر
por encima de

سەر
sobre

بن
debajo de

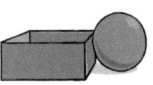

کئلمک
al lado de

ناڤبەر
entre

جه
el lugar